Snacks vun Küst un Binnenland

Norddeutsch für Urlauber

torechtmaakt un opschreven vun
Marianne Ehlers

EDITION FEHRS-GILDE

MURMANN PUBLISHERS

Gesamtherstellung: Wachholtz Verlag
ISBN 978-3-529-04966-8

Besuchen Sie uns im Internet:
www.wachholtz-verlag.de

Wat hier binnen steiht:

1. Op Plattdüütsch heet dat „Moin"
Begrüßen und Verabschieden

2. Ahn düsse Snacks geiht dat nich
Lebenswichtige Sprüche

3. Kinner un junge Lüüd
Von Kindermund, klugen Sprüchen und erster Liebe

4. Eten un Drinken
Was Leib und Seele zusammenhält

5. Buten vör de Döör
Das passiert draußen im Leben

6. De beste Krankheit döggt nix
Kluges, bis der Arzt kommt

7. Sünnenschien un goden Wind
Garantie für gutes Wetter

8. Deerten un Veehtüüch
Wenn es summt und brummt und piept

9. Mit düsse Snacks kümmst du dör 't Leven
Lebensweisheiten pur

Leve Platt-Frünnen,

um von vornherein einem Missverständnis vorzubeugen: *snacks*, also Kleinigkeiten zum Essen, wollen wir Ihnen nicht servieren. Die bunte Vielfalt von *Snacks* – damit sind Sprüche und Redewendungen gemeint – können Sie sich trotzdem auf der Zunge zergehen lassen, als Vor- oder Nachspeise zum Krabbenbrötchen oder zum Holsteiner Katenschinken auf Schwarzbrot.

Der Norddeutsche hat immer gern einen *Snack*, vielerorts auch *Schnack* ausgesprochen, auf den Lippen. Und dabei bedient er sich gerne seiner Regionalsprache Niederdeutsch. So lautet die offizielle Bezeichnung für die Sprache des Nordens, gemeinhin auch Plattdeutsch genannt.

Auch wenn die schöne alte Sprache im Norden nicht mehr von allen Bewohnern gesprochen wird, so ist sie dennoch überall präsent – und sie prägt bis heute das Lebensgefühl der Menschen.

Mit wenigen prägnanten Worten etwas auf den Punkt bringen, manchmal spitzfindig oder mit leichter Ironie gewürzt – so begegnen uns die plattdeutschen *Snacks.* Wir wünschen Ihnen viel Freude an dieser kleinen Auswahl norddeutscher Lebensweisheiten, die im Übrigen nicht nur dem Urlauber Freude machen werden. Auch der Einheimische wird so manche Redewendung wieder oder auch neu entdecken. Also dann: *Wat mutt, dat mutt!*

Marianne Ehlers

1.

Op Plattdüütsch heet dat „Moin"

Moin – oder Moin Moin?

Peter Hansen betritt mit einem knappen **Moin** die Gaststube seines Vertrauens. Seine Freunde, die sich bereits zum Feierabend-Bier versammelt haben, antworten genau so kurz und bündig. Nach einem langen Arbeitstag mag niemand so recht reden.

In der Ecke nebenan sitzt ein Urlauber-Ehepaar aus Baden-Württemberg. Vor zwei Stunden haben sie ihr Quartier in einem Appartement nebenan bezogen und gönnen sich nun das erste norddeutsche Bier. Anke, die nette Servicekraft des Hauses, bringt den beiden soeben Bratkartoffeln und Hering. „Sagen Sie mal", spricht er die junge Frau an, „was war denn das? Wir haben bereits 18.00 Uhr vorbei – und der Herr dort sagt „Guten Morgen"?

Anke lacht und erklärt den aufmerksamen Urlaubern, dass der nördliche Gruß *Moin* zu jeder Tageszeit angewandt wird. Warum das so ist, weiß niemand so ganz genau. Eine Erklärung: es leitet sich von dem Wort *mooi* oder *moj* = schön ab. Man wünscht sich also einen schönen Morgen, einen schönen Tag oder einen schönen Abend – und lässt das zweite Wort einfach weg. In manchen Gegenden verdoppelt man den Gruß: *Moin! Moin!* Peter Hansen hält nichts von solcher Geschwätzigkeit und bleibt bei seinem einfachen *Moin!*

Übrigens spricht die Erfolgsgeschichte dieses Grußes für sich: zunächst nur an den friesischen Küsten bekannt, breitet er sich immer mehr aus und wurde im Jahre 2004 sogar in den Rechtschreib-Duden eingetragen, also in die Standardsprache aufgenommen.

Die Baden-Württemberger sind beeindruckt. Anke wünscht den beiden einen guten Appetit und wendet sich dann an Peter Hansen und seine Freunde, die inzwischen munter plaudern: *Fief Beer, mien Deern!*

Wo geiht di dat?

Nach getaner Arbeit im Service macht sich Anke auf den Nachhauseweg. Es ist spät geworden – wegen der lauen Sommerluft herrscht aber noch richtig Betrieb im Ort. Die zahlreichen Urlauber machen noch einen kleinen Abendspaziergang und freuen sich über das wunderbare Urlaubswetter. Aber auch einige Einheimische sitzen draußen im Garten oder auf der Bank neben der Haustür und halten einen kleinen Klöönsnack mit den Nachbarn. Anke sieht Tille (= Abkürzung für Mathilde) an der Gartenpforte stehen und ruft von weitem: *Moin Tille, wo geiht di dat?* = wie geht es dir?

Ach, dat geiht so – mutt ja! entgegnet diese. Eigentlich möchte Anke schnell nach Hause, aber sie bemerkt gleich, dass Tille etwas auf dem Herzen hat und bleibt stehen. Gleich darauf erfährt sie die ganze Geschichte von Tilles Krankenhaus-Aufenthalt und der anschließenden Reha. Die Arme hat wirklich so einiges hinter sich und hat mit ihrer knappen ersten Antwort wirklich noch untertrieben. So lässt Anke sich doch viel Zeit, was die gerade Genesende sehr zu schätzen weiß.

Machen wir uns nichts vor: normalerweise wäre der Norddeutsche nach der Frage: *Wo geiht di dat?* Und der darauf folgenden Antwortfloskel *Mutt ja = Es muss ja gehen!* seines Weges gegangen. Aber wie überall: der Ton macht die Musik – und Anke hat hier das nötige Feingefühl bewiesen. So ist Tille dann am Ende des Gesprächs ganz zufrieden und antwortet mit einem fröhlichen *Maak ik! = Mache ich!* auf Ankes Abschiedsgruß *Hool di fuchtig!* Hier benutzt Anke das Wort *fuchtig*, was eigentlich *feucht* heißt, im Sinne von *frisch*, *munter* oder *tapfer*. Und das will Tille dann gerne tun und schnell wieder ganz gesund werden!

Kiek mal wedder in!

Kiek mal wedder in! ruft Hermann von der Imbissbude direkt hinter dem Deich seinen sonntäglichen Stammgästen hinterher. Er müsste es gar nicht sagen, denn am nächsten Sonntagmorgen sind sowieso alle wieder bei ihm und klönen über dies und das. Und nicht nur das: sie verzehren auch das eine oder andere Bier, gelegentlich auch mit einem *Kööm* dabei. Nicht nur darum sind alle ihm jederzeit herzlich willkommen.

Dieser einladende und zugleich verabschiedende Spruch begegnet dem Urlauber im Norden in vielfältiger Weise. Ob am Ausgang eines Lokales, in dem die Familie gerade leckeren Fisch gegessen hat, am Ende eines Museumsbesuches oder auch – sehr verbreitet, am Ortsausgang in unmittelbarer Nähe des gelben Ortsschildes. Der Einheimische freut sich auch über diese freundliche Aufforderung, doch mal wieder vorbeizukommen, einen Besuch abzustatten, Gast zu sein. Dabei wird jeder, egal ob Urlauber oder nicht, ganz direkt und herzlich angesprochen: *Guck mal wieder herein!* Auch wenn der Plattsnacker im unmittelbaren Gespräch eine ihm fremde Person höflich siezt, so wie wir es auch aus dem Hochdeutschen kennen – bei derlei Tafeln wird nicht unterschieden und charmant geduzt.

Nebenbei: es hält sich hartnäckig das Gerücht, es gäbe kein „Sie" in der Anredeform der Plattsnacker – das stimmt nicht! Auch wenn jemand wie Hermann in der Regel direkt und freundlich auf seine Mitmenschen zugeht – er möchte schon aussuchen, wen er duzt oder wen er lieber siezt.

Tschüüs

Dieser populäre Abschiedsgruß – bekannt auch als *tüüs*, *düüs* oder *adjüüs*, mitunter auch *tschüß* oder *tschüüß* geschrieben, ist inzwischen – ähnlich wie *Moin* – weit über den Norden hinaus gebräuchlich.

Kommen wir weiter in den Süden der Republik, dann hören wir auch *tschö* oder auch *ade*. Und wir können uns gleich denken, das das französische Wort *adieu* oder auch das spanische *adiós* dahinter stecken muss. In der Tat hat dieser Abschiedsgruß, abgeleitet vom lateinischen *ad deum* = Gott befohlen, Eingang in die deutsche Sprache gefunden.

Ähnlich wie *Kiek mal wedder in!* finden wir *Tschüüs* oder andere Formen oftmals auf Tafeln oder Schildern, und das nicht nur in Urlauber-Regionen. Auch Hermann hat am Ausgang seiner Imbissbude ein Holzschild mit einem eingebrannten Abschiedsgruß. Er setzt aber noch einen drauf und schreibt: *Tschüüs, leve Lüüd!* Seine Gäste sind ihm lieb – kein Wunder und auch völlig in Ordnung, sie sorgen ja schließlich für sein tägliches Brot.

Und wenn er mal so richtig in Stimmung ist, dann wirft er seine alte Musikbox an – und wir hören, ja richtig, gesungen von der berühmten Volksschauspielerin Heidi Kabel:

In Hamburg sagt man Tschü-üs – das heißt Auf Wiedersehn!

2.

Ahn düsse Snacks geiht dat nich

Wat mutt, dat mutt

Was muss, das muss? Nanu, was soll denn dieser knappe Ausspruch bedeuten? Nun, nichts anderes als ein immer und überall passender Snack – in jeder Lebenslage anzuwenden.

Wenn Monika Hansen ihren Mann Peter am Sonntagmorgen nach dem Frühstück zu seiner kleinen Radtour aufbrechen sieht, die – jawohl, richtig geraten – in Richtung Hermanns Imbiss endet, da kann sie einen kleinen Stoßseufzer nicht unterdrücken. *Wat mutt, dat mutt eben* – es geht nicht ohne dieses sonntägliche Ritual. Dieses hat sich nun mal über die Jahre so etabliert. Monika lässt ihren Peter ziehen, warum auch nicht? Schließlich hat er die Woche über hart gearbeitet.

Und dann kümmert sie sich um ihr eigenes Sonntagsvergnügen: lesen, in der Badewanne entspannen, mit ihrer Freundin Anna telefonieren. *Wat mutt, dat mutt* – das geht schließlich nur am Sonntag. Am Nachmittag wandern die beiden oder machen auch mal eine kleine Radtour, darauf besteht Monika. Und danach wird gemeinsam gekocht, den anschließenden Küchendienst übernimmt Hermann ohne Murren. Es könnte allerdings sein, dass ihm ein kleines grummeliges *Wat mutt, dat mutt* über die Lippen kommt.

Laat di Tiet is ok en Walzer

Regina ist furchtbar erschöpft. Aber sie hat alles geschafft, das Haus ist in Ordnung gebracht, der Kaffeetisch gedeckt. In einer halben Stunde werden die Schwiegereltern vor der Tür stehen. Ihren Mann Reinhard hat sie zum Einkaufen geschickt – er soll Kuchen besorgen und Fleisch für das Grillen am Abend mitbringen. Der Kartoffelsalat für abends ist fertig, das Bier kaltgestellt und das Brot vorbereitet.
Wo bleibt nur Reinhard? Hat er etwa wieder seinen Kumpel Albert getroffen? Regina spürt Ärger in sich hochsteigen – da sieht sie ihn von weitem und ist erleichtert. Gleichzeitig weiß sie schon, was er gleich zu ihr sagen wird: *Laat di Tiet is ok en Walzer!* Er ist immer dafür, alles in Ruhe angehen zu lassen – so auch heute. Man soll sich doch Zeit lassen und dabei Spaß und Freude am Leben nicht vergessen. Da ist das Bild vom Langsamen Walzer doch genau richtig!
Regina seufzt. Ihr Angetrauter hat ja eigentlich Recht. Sie kann nur nicht aus ihrer Haut – bei ihr muss alles fix und flink erledigt werden.
Und schon schiebt Reinhard sich gemächlich zur Küchentür herein und legt seine Einkäufe auf den Tisch. Als er ihr Gesicht sieht, lässt er sofort seinen Spruch los. Beide müssen lachen – und er schwenkt seine Ehefrau einmal herum. Nun, da verzeiht sie ihm sogar sein Getrödel. Gegen einen Walzer hat sie nämlich nichts einzuwenden.

Foffteihn maken

Hannes und Jan sind dabei, mit ihrer Baufirma ein Doppelhaus zu bauen. Der Dachstuhl steht schon, in wenigen Wochen soll das Haus bezugsfertig sein. *Dat warrt smuck! = Das wird hübsch/ schön!* meint Hannes und begutachtet die gerade eingebauten Haustüren.

Foffteihn! ruft Jan aus dem noch offenen Fensterloch zu Hannes hinüber. Der lässt sofort sämtliches Werkzeug auf dem Transporter liegen und gesellt sich mit Thermosflasche und Brotdose zu seinem Kollegen. Das tut gut, nach drei Stunden Arbeit eine erste Pause zu machen.

Machen die beiden nun exakt 15 Minuten Pause? Das könnte durchaus sein, zumal es sich offenbar um die Frühstückspause handelt. Und natürlich drängt sich der Verdacht auf, dass die Bezeichnung *Foffteihn!* auch haargenau diesen Umstand beschreibt. Ursprünglich aber gibt es ganz andere Erklärungen: zum Beispiel mussten die Arbeiter im Hamburger Hafen früher schwer arbeiten und sich darum auch öfter mal ausruhen. Wer 14 Säcke geschleppt hatte, durfte bei 15 eine Trinkpause einlegen, dann ging es weiter. Also, wenn beim lauten Zählen die Zahl *Foffteihn* erreicht worden war, konnte der Arbeiter sich kurz verpusten. Das wird sicher keine 15-Minuten-Pause gewesen sein.

Hannes und Jan gönnen sich eine Pause von 20 Minuten. So ist auch noch Zeit für einen kurzen Blick ins *Blatt*, also in die Zeitung. Der nächste Ruf *Foffteihn* wird mittags ertönen, inzwischen sind einige Fenster eingebaut – und wenn die beiden am Abend Schluss machen, kann es durchaus sein, dass sie sich zurufen: *Foffteihn för vundaag! Bet morgen denn!*

Dor kannst op af

Diese lapidare Aussage passt an vielerlei Stellen im täglichen Umgang miteinander, etwa als Bestätigungsformel im Sinne von *Das kannst du glauben!* oder auch *So ist es!*

Elsbe trifft sich mir ihrer Nachbarin Regina zum Kaffeetrinken im *Café Tohuus*, also zuhause auf der eigenen Terrasse. Auch wenn die Luft noch ein wenig frisch ist, beschließen die beiden, sich lieber *vun Hack to Nack* einzumummeln als den Nachmittag drinnen zu verbringen.

Beim Genuss von Kaffee und einem dicken Stück *Botterkoken* dazu erzählen die beiden sich die neuesten Beziehungsgeschichten aus dem Dorf. Ob Anke wohl einen neuen Freund hat? Während Elsbe ihre Zweifel hat, ist sich Regina absolut sicher. Sie hat doch neulich zufällig ein fremdes Auto vor Ankes Haustür gesehen. Auf derlei Spekulationen will Elsbe sich aber nicht einlassen. Ehe sie den jungen Mann nicht mit eigenen Augen gesehen hat … *Dor kannst op af!* beteuert hingegen Regina.

Nein, streiten wollen die beiden sich nun wirklich nicht. Elsbe lenkt das Gespräch auf den wunderbaren Butterkuchen von Bäcker Schmidt. Beide Frauen finden, dass niemand anders den so gut backen kann. *Dor kannst op af!*

Dor is wat an!

Noch so ein knapper *Snack* mit viel Hintergrund! Regina lässt nicht locker, der Butterkuchen ist längst verzehrt, die Kaffeebecher leer – und die beiden Frauen sitzen noch bei einem Gläschen Prosecco, inzwischen in der Wohnstube. Draußen ist es empfindlich kühl geworden. Nun erklärt Regina ihrer Freundin Elsbe noch einmal ganz ausführlich, warum Anke einen neuen Freund haben muss! Sie erzählt, dass sie vor einigen Tagen eine junge Frau Arm in Arm mit einem sehr schicken und schlanken Mann gesehen hat. Und diese junge Frau sah wirklich aus wie Anke – zumindest hätte sie es sein können. Leider gingen die beiden auf der anderen Straßenseite – und plötzlich verdeckte ein großer Laster die Sicht. Soweit Regina. *Na, dor is wat an!* spöttelt Elsbe. Es ist offensichtlich, dass ihr diese Geschichte zu unglaubwürdig klingt. Aber ein wahrer Kern könnte schon enthalten sein.
Ob nun wirklich etwas an dieser neuen Liebesgeschichte dran war, bleibt geheim. Vielleicht weiß Regina beim nächsten Kaffeetrinken mehr.

Wenn 't Geld regent, heff ik mien Schötteln tohuus

Niemals bekomme ich etwas von dem Geldregen ab, seufzt der alte Wilhelm gerne mal. Unlängst hat er vergessen, seinen wöchentlichen Lottoschein abzugeben – und dummerweise dann abends doch die gezogenen Zahlen im Fernsehen verfolgt. Hätte er das nur nicht getan! Vier Richtige wären es gewesen, immerhin eine Summe von 150,00 Euro. Dafür hätte er dreimal tanken können – oder auch mindestens ein halbes Jahr seinen Lottoeinsatz bezahlen können. Nein, das Glück ist dem armen Wilhelm nicht hold. Unlängst ging er mit seiner Frau zum Feuerwehrball, nicht nur zum Tanzen – nein, die attraktiven Preise der Tombola reizten ihn. Also kaufte er gleich zwanzig Lose, um dann erbittert festzustellen, dass er lauter Nieten gezogen hatte. Die Tischnachbarn hatten nur fünf Lose gekauft und einen Rundflug über die Halbinsel gewonnen. Wie ungerecht! *Wir haben eben unsere Schüsseln wieder zu Hause gelassen!* kommentiert seine Frau lakonisch das Pech ihres Ehemannes. Das tröstet ihn nur bedingt, dafür amüsieren sich die beiden dann doch noch einige Stunden bei Theater und Tanz – und das eine oder andere Gläschen an der Sektbar gehört dann auch dazu.

3.
Kinner un junge Lüüd

Lever en Dickkopp as en Dööskopp

Der kleine Paul ist bockig. Mit seinen gerade drei Jahren weiß er schon ganz genau, was er will – und vor allen Dingen, was er nicht will. Zum Beispiel sieht er es gar nicht ein, draußen Gummistiefel anzuziehen, wenn es geregnet hat. Mit denen geht er lieber mal ins Bett – und seine neuen *Puuschen = Hausschuhe* haben den Gang durch den feuchten Garten nicht so gut überstanden.
Essen will er auch längst nicht alles, was ihm an Gesundem angeboten wird – stattdessen *queest = quengelt* er gerne mal beim Bäcker oder beim Schlachterstand. Prompt bekommt er etwas Süßes oder ein Würstchen in die Hand gedrückt. Den Blumenkohl-Kartoffelbrei patscht er dann nachher beim Mittagessen auf den Fußboden.
Wenn seine Eltern mal ganz verzweifelt sind, dann tröstet Oma Anne die beiden und weist sie darauf hin, was der Lütte schon alles kann: in ganzen Sätzen reden, mit ihr lange telefonieren, hundert Warum-Fragen am Tag stellen. Nein, *dösig = dumm* ist er ganz gewiss nicht. Sie freut sich über ihren klugen Enkel und lacht: *Lever en Dickkopp as en Dööskopp!*

Schietbüdel

Ein bisschen peinlich findet es Pauls Papa schon, wenn Oma Anne ihren Enkel an sich drückt und ihn mit den Worten: *Na, mien lütt Schietbüdel* begrüßt. Paul jauchzt, ihm gefällt das lustige Wort.

„Mutter, du kannst ihn doch nicht einfach Scheißbeutel nennen, wie kommst du darauf?" Anne *smuustert = schmunzelt* und erklärt ihrem verdutzten Schwiegersohn aus Stuttgart, das es sich um ein Kosewort für kleine Kinder handelt. Wendet man es dagegen bei Erwachsenen an, ist der Ausdruck doch eher bedenklich und steht für einen hilflosen Taugenichts.

Im Übrigen ist *Schiet* ein richtiges Allerweltswort in der plattdeutschen Sprache und wird in der Regel nicht im Sinne des entsprechenden hochdeutschen Wortes verwendet. Es steht eher für *Dreck* und *Mist* bzw. alles Unangenehme im allgemeinen Sinne. So meint Oma Anne also nicht, dass Paul ein *Büxenschieter = ein Hosenscheißer* ist. Er ist einfach nur ihr kleiner süßer und liebenswerter Enkel, an dem sie ihre Freude hat.

Bang is he nich, man lopen kann he fix

Paul besucht seine Kindergarten-Freundin Emma. Den ganzen Nachmittag spielen die beiden im Garten, buddeln in der Sandkiste und backen mit viel Wasser und Sand lauter ungenießbare Kuchen. Das macht den beiden viel Spaß, und natürlich sehen sie bald aus wie kleine Erdferkel.
Plötzlich kommt ein tollpatschiges braunes Etwas um die Ecke gestürmt und rennt mitten in die Sandbäckerei hinein. Paul erschrickt ganz fürchterlich und rennt heulend zum äußersten Ende des Gartens. Emma lacht und ruft Paul zurück. Das ist doch nur *Tüffel!* Emmas Familie hat vor zwei Tagen einen kleinen Hund bekommen. Paul kommt zögernd näher, aber als Tüffel kläffend auf ihn zugerannt kommt, macht er sich wieder aus dem Staub.
Als Oma Anne ihn abends abholt, erzählt er ihr von dem kleinen Hund Tüffel. *Ich hatte gar keine Angst*, erklärt er ihr. – *Ach so, du wolltest also nur zeigen, wie schnell du laufen kannst, oder?* Paul nickt – genau so war es.
Bang is he nich, man lopen kann he fix! = Er hat keine Angst, aber er kann schnell laufen!
Wie gut, dass seine Oma ihn so gut kennt!

De Verstand kümmt mit de Johren, de Verstand geiht mit de Johren

Paul findet, dass seine kleine Schwester Katrin noch ziemlich dumm ist. Weder kann sie ihm beantworten, wo sein rotes Auto gerade ist – noch kann sie aufstehen und mit ihm in der Sandkiste spielen. Und wenn er sie nur mal streicheln will, patscht sie ihm ins Gesicht. Er beschwert sich heftig bei seinem Papa. Dieser erklärt ihm, dass er auch einmal ein Baby war und noch nicht so viel wusste und konnte. Nun ist er ja schon richtig groß und geht jeden Tag in den Kindergarten. Er kann ganz viel, was Katrin noch lernen muss, zum Beispiel Schuhe anziehen oder seine Mütze aufsetzen. Das versteht Paul. Aber dann fällt ihm ein, dass Uropa Johannes neulich auch nicht wusste, wo sein rotes Auto ist – und dabei hatte Paul es doch gerade auf seinen Schoß gelegt. Sein Uropa ist doch wirklich kein kleines Baby mehr! Geduldig erklärt Papa ihm, dass der Uropa schon ganz alt ist und darum manchmal nicht mehr so gut denken kann wie früher.
Eine uralte Weisheit also, hier einmal kindgemäß erklärt – im Alter werden wir wieder wie die Kinder.

Raad mi goot, man raad mi nich af!

Anja, die hübsche blonde Tochter von Hermann, hat ihr Herz fast verschenkt. Wer ist denn nun der Glückliche – vielmehr der fast Glückliche? Wahrscheinlich weiß er noch gar nichts über den Stand der Dinge. Anja hat sich also in Frank verliebt, den schmucken jungen Postboten, der jeden Tag – meistens um die Mittagszeit – bei Hermann die Post abliefert und dabei gleichzeitig seine Mittagspause macht. Hermanns Imbiss bietet sich ja förmlich dafür an.

Gelegentlich haben sich die beiden jungen Leute schon mal getroffen, aber Anja möchte doch, dass das Ganze ein bisschen vorangeht. Sie berät sich intensiv mit ihrer Freundin Sabine. Diese reagiert skeptisch auf Anjas Schwärmerei, weiß sie doch um die zahlreichen amourösen Abenteuer des Postboten. Aber sie kennt auch wiederum Anja. Wenn diese sich mal wieder so richtig in einen jungen Mann verguckt hat, ist sie absolut beratungsresisent. Und siehe da: Anja hat den Spruch gleich bei der Hand: *Raad mi goot, man raad mi nich af! = Gib mir einen guten Rat, aber rate mir nicht ab!*

Sabine weiß Bescheid. Anja den Liebsten auszureden – das wird nicht klappen. Sie muss eben ihre eigenen Erfahrungen machen. So rät Sabine ihrer Freundin Anja, Frank zum Tanzen einzuladen. Das wäre dann doch eine Nagelprobe! Wie die Geschichte ausgegangen ist? Nun denn, Frank mag nicht tanzen …

4.
Eten un Drinken

Eten un Drinken höllt Lief un Seel tosamen

Dieser Snack ist über den Norden hinaus in allen Landstrichen bekannt: *Essen und Trinken* hält *Leib und Seele* zusammen. Er muss daher nicht näher erläutert werden.

Uns interessiert dann doch an dieser Stelle: welche besonderen Gerichte des Nordens schaffen es dann im Besonderen, dass Leib und Seele ins harmonische Gleichgewicht kommen? Der Norden ist bekannt für seine deftige Küche – da wäre etwa das typische Wintergericht *Gröönkohl mit Swiensback un sööt Kortüffeln = Grünkohl mit Schweinebacke und süßen Kartoffeln* zu nennen. Nach dem Genuss dieses überaus nahrhaften Essens darf ein *Kööm* zum Zwecke der Verdauung nicht fehlen.

Auf den ersten Blick nicht überschaubar sind die Zutaten für das Seemannsgericht *Labskaus*. Böse Zungen behaupten, es sähe aus wie schon einmal gegessen. Das stimmt natürlich nicht! Der Brei aus Corned Beef, Kartoffeln, Roter Bete und Fisch, garniert mit einem Spiegelei, Gewürzgurken und Rollmops hat viele Fans in und um Hamburg. Die Beurteilungen gehen allerdings von heller Begeisterung bis hin zu einem drögen *Wat mutt, dat mutt …*

Der Norddeutsche mag es obendrein süß – man denke nur an den *Mehlbüdel*, jenem in einem Tuch gekochten Teigkloß, garniert mit Speck, dazu eine süße Kirschsoße. Ja, man kann es wirklich essen! Allerseits beliebt ist *Rode Grütt* – also Grütze aus roten Früchten, dazu Milch oder flüssige Sahne, gelegentlich auch Vanillesoße und womöglich noch eine Eiskugel als Krönung. Gegessen wird das Ganze aus einem tiefen Teller, nicht etwa aus einem Dessertschälchen. Und zum Nachmittagskaffee ist die *Fresentoort* ein absolutes Muss. In dieser Torte sind natürlich keine Friesen eingebacken, vielmehr handelt es sich um einen Blätterteigboden, dick gefüllt mit Pflaumenmus und Schlagsahne, verziert mit Blätterteigflügeln. Einfach köstlich!

Wat de Buer nich kennt, dat fritt he nich

Susanne und Petra unterhalten sich über das neue italienische Restaurant direkt am Kanal. Sie schwärmen von den leckeren Antipasti, den köstlichen Tortellini, dem speziellen Tomatensalat und nicht zu vergessen, dem sagenhaften Grappa. Kurzum, schon das Lesen der Speisekarte ist in ihren Augen ein einziger Hochgenuss. Die beiden haben dort vor kurzem einen wunderschönen Freundinnen-Abend verbracht. Das brachte die beiden auf die Idee, ihren Männern mal etwas Gutes zu tun. Beide sind aus Überzeugung bodenständige Biobauern mit einer heftigen Vorliebe für Ochsenfleisch aus der Region. Gerne darf es dazu *Arfen un Wuddeln = Erbsen und Möhren* geben, aber bitte mit Schwitze – und dazu Salzkartoffeln. Susanne und Petra sind der Meinung, dass den beiden ein wenig Abwechslung auf dem Speisezettel mal gut tun würde.

Herbert und Hartmut reagieren ein wenig gereizt ob dieses Ansinnens und kommen gleich mit dem drastischen Spruch aus Opas Mottenkiste um die Ecke: *Wat de Buer nich kennt, dat fritt he nich!* Den Spruch lassen die beiden Frauen gar nicht gelten – und los geht es. Inhaber Mario begrüßt die vier Neuankömmlinge überaus herzlich, besonders die beiden Damen.

Misstrauisch studieren Herbert und Hartmut die Speisekarte – zu ihrem Leidwesen finden sie weder Steak noch Rinderbraten. Am Ende landen beide bei einem Fischgericht, kämpfen sich vorher tapfer durch die Antipasti-Platte für vier Personen und stoßen versöhnlich mit ihren Frauen mit einem guten italienischen Roten an. Petra und Susanne schmunzeln. Nun kennen die Bauern auch Italiens gute Küche. Der alte *Snack* – siehe oben – ist den Männern den ganzen Abend nicht mehr über die Lippen gekommen.

Beter en lütten Fisch as gor keen op 'n Disch

Mit dem kleinen Fisch ist hier natürlich nicht derjenige gemeint, den wir aus dem Verbrecherjargon kennen – vielmehr steht er als Sinnbild dafür, keinen Hunger haben zu müssen. In früheren Zeiten lebten viele Familien an der Küste vom Fischfang. Da konnte es durchaus mal vorkommen, dass nach dem Verkauf der Ware für die Familie nur ein kleiner Fisch übrig blieb. Der musste dann geteilt werden und mit hoffentlich vorhandenen Beilagen auf den Tisch gebracht werden. Dankbar wurde dann das Vorhandene gemeinsam verzehrt.

Mit wenig zufrieden sein, sich mit den kleinen Dingen begnügen, nicht Hunger leiden zu müssen – diese Lebenseinstellung aus alter Zeit spiegelt sich in diesem Ausspruch. Und heute mühen wir uns gelegentlich mit unseren überzähligen Pfunden ab. Ab und an würde uns der *lütte Fisch* also mal gut tun. Vielleicht besinnen wir uns mal wieder an ihn – es muss ja nicht gerade im Urlaub sein! Das übrige Jahr bietet ja noch viele Möglichkeiten.

Und siehe da: was hat Hermann heute auf der Speisekarte? *Stint* und *Sprotten!* Wenn das keine *lütten Fische* sind! Guten Appetit … und keine Sorge: Sattwerden ist garantiert!

In'n Kööm versuupt mehr Minschen as in't Water

Auf der Parkbank unter dem großen Erlenbaum sitzt ein älterer Mann in abgetragener Kleidung, eine Plastiktüte neben sich. Ab und zu greift er umständlich in die Tüte, holt eine angebrochene Flasche Korn heraus und nimmt einen kräftigen Schluck. Dabei brabbelt er leise, schimpft plötzlich laut und stiert im nächsten Moment wieder vor sich hin.

Wahrlich kein typisch norddeutsches Problem, was sich dem Beobachter der Szenerie hier bietet. Menschen mit Alkoholproblemen gibt es überall.

Auch wenn es im Norden viele Möglichkeiten gäbe, ins Wasser zu fallen und womöglich zu ertrinken – und natürlich passiert das auch gelegentlich – so macht der Volksmund an dieser Stelle doch eine höhere Zahl Ertrinkender durch Schnaps und dergleichen fest. Ein Absaufen von innen ist hier also gemeint.

Das Wort *Kööm* – auf hochdeutsch *Kümmel* – steht hier sinnbildlich für den hochprozentigen Alkohol, egal ob es sich dabei um Kognak oder Korn, Rum oder Whisky handelt.

Als Benno mit seinem 16jährigen Sohn an besagter Parkbank vorbeikommt, sieht er sich bemüßigt, dem künftigen Partygänger einen kleinen Vortrag über den Umgang mit Alkohol zu halten. Dieser ist zunächst gelangweilt, aber die kluge Quintessenz des Ganzen, nämlich *In'n Kööm versuupt mehr Minschen as in't Water*, leuchtet dem Jungen doch ein. Das will er auf keinen Fall – aber auch ins Wasser fallen möchte er nicht. Benno sagt lakonisch: *Dor büst du sülven mit bi! = Das hast du selber in der Hand!*

Nich lang snacken, Kopp in'n Nacken

Die sonntägliche Imbiss-Runde sitzt *kommodig = gemütlich* beisammen. Bratkartoffeln und Schnitzel haben wieder einmal ausgezeichnet geschmeckt, in Zusammenhang mit einem frisch gezapften Bier. Alle sind zufrieden und genießen das fröhliche Miteinander. Plötzlich hält sich Alfred den Bauch und stöhnt vor sich hin. *Ik heff so en Panskniepen!* bricht es aus ihm heraus. Erschrocken springt das Urlauber-Ehepaar vom Nebentisch auf und will unverzüglich einen Krankenwagen rufen. Hermann eilt herbei und klärt die besorgten Gäste auf. Es handelt sich bei Alfred nur um die Ansage zum fälligen Verdauungsschnaps, er hat einfach Magendrücken nach dem guten Essen. Erleichtert kümmern sich die beiden wieder um ihre Scholle mit Krabben und Speck.
Hermann versorgt die Runde mit einem *Kööm* – heute darf es mal ein Aquavit sein.
Staunend vernehmen die Urlauber die nun folgende Ansage: *Nich lang snacken, Kopp in'n Nacken*, woraufhin alle genau das tun, nämlich ohne weiteren Kommentar bei nach hinten gebogenem Kopf den Aquavit die Kehle herunter laufen lassen.
Die Scholle ist verzehrt, und so bekommen die beiden auf Alfreds Geheiß auch einen *Kööm*. Nach munterer Ansage des obigen Spruchs fühlen sich die Urlauber schon beinahe zugehörig und kippen das hochprozentige Getränk brav hinunter. Benno erzählt nun von seiner Begegnung mit dem Alkoholiker im Park und der darauf folgenden Belehrung seines Sohnes. Nein, im *Kööm* ertrinken will keiner von ihnen. Und so gibt es heute auch keinen Protest, als Hermann die Köömbuddel wieder zurück ins Kühlfach stellt. An anderen Tagen – man hat es schon gehört – ist mitunter die Aufforderung zum zweiten Schnaps: *Op een Been kann man nich stahn* zu vernehmen.

5.
Buten vör de Döör

Klookschieters un Meckerbüdels dörvt buten blieven

Christina und Herbert machen eine Wochenendreise in den Norden. Auch wenn sie nur 100 Kilometer südlich des Elbtunnels wohnen, stellt sich doch schnell das Urlaubs-Hochgefühl ein. Das Wetter spielt mit – und ihre Wanderschuhe haben sie dabei. Natürlich kann man auch im Norden Wanderungen machen. Es gibt – zugegeben kleinere Berge, eher Anhöhen. Aber wer behauptet, in Norddeutschland sei es überall topf-eben, der sollte sich mal eines Besseren belehren lassen. Unsere beiden Frischluft-Freunde genießen auf jeden Fall ihren kleinen Wanderurlaub. Gleich nach der Ankunft in ihrer Pension machen sie sich auf den Weg, erkunden ihre Umgebung und beschließen um die Mittagszeit, in einem Kroog, also einer Gastwirschaft, eine Pause zu machen. Allerdings stehen sie etwas unsicher vor der grünweiß gestrichenen Eingangstür. Hinter dem Glas prangt ein Schild mit der Aufschrift: *Klookschieters un Meckerbüdels dörvt buten blieven!* Nanu, dürfen sie da etwa nicht hinein? Gehören sie etwa zu dieser Kategorie, die dort angesprochen wird?
Ilka, die resolute Wirtin, hat das Ehepaar von drinnen beobachtet und schreitet zur Aufklärung. Sie beruhigt die beiden, dass sie ganz sicher keine Klugscheißer seien. Und zu meckern hätten sie doch sicher auch nichts, zumindest vor dem Essen nicht. Also müssten sie auch nicht draußen vor der Tür bleiben. Denn dann würden sie Ilkas wunderbare Rinderrouladen verpassen – mit Rotkohl! Erleichtert betreten die beiden Ilkas Kroog und sind sich nach dem leckeren Essen einig: *Klookschieters* wollen sie niemals werden – und natürlich auch keine *Meckerbüdels*!
Ilka schmunzelt. Sie freut sich über den gelungenen Werbespruch …

Kumm rin un snack di ut, gah rut un hool dien Snuut

Dieser kategorische Spruch birgt eine ganze Menge an Lebensweisheit. Anke beschließt, einige Tage nach ihrem Gespräch mit Tille mal bei ihr vorbeizugucken und sich nach ihrem Befinden zu erkundigen. Diese freut sich sehr über Ankes Besuch und nötigt sie gleich in die Wohnstube: *Kumm rin un snack di ut …* Nun hat Anke ja gar nichts auf dem Herzen, was sie Tille unbedingt erzählen will – im Gegenteil. So ist es dann auch Tille, die ausführlich ihren derzeitigen Gesundheitszustand beschreibt – und zwischendurch auch so manche kleine Tratschgeschichte aus der Nachbarschaft zum Besten gibt. Anke nimmt es mit Humor und freut sich, dass Tille schon fast wieder die Alte ist. Die Zeit vergeht schnell, zumal Tille auch noch einen Piccolo im Kühlschrank findet. Glücklich vermerkt sie dann auch, wie gut die beiden sich doch unterhalten hätten: *Wat hebbt wi fein snackt!*
Als Anke sich verabschiedet, hat Tille dann doch Sorge, diese könnte ihre kleinen Geschichten weiter erzählen. So vollendet sie den *Snack* von vorhin mit einem: *… gah rut un hool dien Snuut*! Das verspricht Anke lachend und denkt bei sich: Tille ist wirklich wieder gesund!

De Dag för Dag sien Arbeit deit un jümmers op'n Posten steiht, un deit dat goot un deit dat geern, de dörv sik ok mal amüser'n

Diesen Spruch finden wir in Norddeutschland an manch einem alten Haus – oft solide ins Holz geschnitzt oder gebrannt, sozusagen für die Ewigkeit. Und darum wird es diesen Satz sicher immer geben – mit seiner ewigen Gültigkeit, fast mantramäßig auszusprechen.

Heiner Petersen ist Hausmeister in einer mittelgroßen Grundschule – nach diesem Schuljahr soll er nun in Rente gehen. Man mag es kaum glauben, aber er hat in seiner gesamten Berufszeit höchstens zwei bis drei Tage gefehlt. Er liebt seinen Job, mag die *Jungs un Deerns*, auch wenn es schon mal kleine Auseinandersetzungen wegen liegengebliebener Turnbeutel oder Ähnlichem gibt. Jeden Morgen steht er pünktlich in der großen Pause bereit, um die Schulmilch auszugeben. Und für kleine Verletzungen hat er Pflaster und weitere Tröstungen parat. Kurzum, eine Schule ohne Heiner Petersen kann sich niemand vorstellen, die Schulleitung und das Kollegium nicht – und die Schülerinnen und Schüler erst recht nicht.

Trotz allem, der Abschied rückt näher – und gemeinsam wird überlegt: was schenken wir ihm denn nun? Suse aus der zweiten Klasse hat eine blendende Idee: „Wir laden Herrn Petersen in den Vergnügungspark ein!" Alle sind begeistert und freuen sich auf den Tag, an dem Herr Petersen sich nach all der Arbeit auch mal amüsieren darf.

Grundsätzlich gilt: wer arbeitet, hat sich auch mal Vergnügungen verdient. Ob es dabei immer in den Vergnügungspark gehen muss, steht auf einem anderen Blatt.

Noord un Süüd, de Welt is wiet, Oost un West, tohuus is best

Diese alte Seefahrer-Weisheit finden wir über Hauseingängen, auf Tafeln oder an anderen exponierten Stellen im Norden. Da spiegelt sich die Sehnsucht des Seemanns, der bereits in allen Windrichtungen unterwegs war und die Welt in ihrer ganzen Weite kennengelernt hat. Aber immer wieder stellt er fest, dass es zuhause doch am besten ist. Eine Erfahrung, die nicht nur Seeleuten eigen ist.

Ralf hat einige Jahre als Export-Kaufmann in New York gearbeitet und dabei auch gutes Geld verdient. Als er sich dann doch wieder nach seinem Heimatland – und dabei insbesondere nach Norddeutschland sehnt, erhält er ein überaus interessantes und verlockendes Angebot seiner Firma. Er soll in China eine Filiale aufbauen. So bleibt es bei einer kurzen Stippvisite in der alten Heimat. Gerade noch hat er Zeit, seinen Eltern einen Besuch abzustatten und einige alte Freunde zu treffen. Dann geht es ab nach Peking – und eine aufregende und spannende Zeit voller Herausforderungen beginnt. Ralf genießt die Wochen und Monate mit all den Eindrücken und dem neuen beruflichen Erfolg. Ehe er sich versieht, sind mehr als drei Jahre ins Land gegangen. Der Kontakt zur Heimat reißt nie ab – dank der modernen Kommunikationsmittel ist das ja unproblematisch. Und doch befällt ihn eines Tages ein stärkeres Heimweh – dieses führt zur Buchung eines Flugtickets und zu einem längeren Heimaturlaub. Auf dem Flughafen holt Suse ihn ab – spätestens zu dem Zeitpunkt beschließt Ralf, dass es zuhause doch am besten ist: … *tohuus is best!*

6.

De beste Krankheit döggt nix

Nix is ungesunner as Krankheit

Nix is ungesunner as Krankheit oder auch: *De beste Krankheit döggt nix* – mit derlei simplen Weisheiten vertreibt sich der Norddeutsche gerne mal die lange Wartezeit beim Doktor seines Vertrauens. So kommt er doch schnell mit dem Leidensgenossen ins Gespräch – und ein Austausch über das jeweilige Leiden des anderen dreht sich in der Regel im Kreise. Hüftleiden gegen Arthrose in den Knien – Atemnot gegen Arterienverkalkung – Migräne gegen Magenverstimmung … was ist besser, was schlechter? Natürlich nichts von allem! Mag sein, das eine oder andere Leiden ist etwas bedrohlicher oder schmerzhafter. Aber am Ende sind sich doch alle Sprechstunden-Besucher einig: anzustreben wäre es doch, gesund zu werden. Leider gelingt das nicht immer – und ein Krebspatient wünscht sich vielleicht nichts sehnlicher als einen gewöhnlichen Schnupfen. Und doch: selbst die beste Krankheit taugt nichts! Nach dieser lapidaren Feststellung dreht sich das Gespräch im Wartezimmer dann doch lieber um die derzeitige Wetterlage und danach unverzüglich um die anstehende Hochzeit von Petra und Jan und die ewige Frage: *Wat treck ik över'n Moors?* = etwas neutraler auf hochdeutsch: *Was ziehe ich an?*

Höög di, freu di, wees fidel, denn deist wat Godes för dien Seel

Soviel Freude in einem Satz, da muss es der Seele ja gut gehen! Ein Mensch, der diese drei Grundrezepte befolgt, benötigt sicher kaum jemals einen Arzt im Leben – zumindest keinen sogenannten Seelenklempner. Dabei sagen alle drei Begriffe eigentlich ein und denselben Umstand aus: vergnügt sein, sich freuen, gelegentlich etwas ausgelassen sein.

Peter findet es jedenfalls ziemlich schwierig, stets und ständig gut gelaunt zu sein. Ab und zu grummelt er auch und ist mit sich, der Welt – und mitunter auch mit seiner Frau Monika nicht im Reinen. Zumindest dann nicht, wenn sie ihn wieder einmal zu einer sonntäglichen Radtour überredet hat. Die ersten fünf Kilometer mault er dann oft noch vor sich hin. Erst nach der ersten Rast und einem schönen Blick auf den kleinen See mitten im Wald hellt sich seine Miene deutlich auf.

Spätestens bei Kaffee und Kuchen auf der Terrasse des Landcafés im Grünen ist er vergnügt und freut sich, dass er auf Monikas Vorschlag eingegangen ist. Und so richtig fidel wird er dann nach der Heimkehr und einem späten Abendessen *mit en Buddel Beer dorbi!* Nun hat er seiner Seele doch sehr viel Gutes getan. Leider muss er am nächsten Morgen doch zum Arzt – zum Glück handelt es sich aber nur um eine Durchsicht seiner echten und teilweise schon ersetzten Zähne.

He mutt en Dokter hebben, sünst blifft he nich doot

Der Arzt muss sich mitunter eine Menge bieten lassen. Es soll ja misstrauische Menschen geben, die keinem sogenannten *Wittkittel* über den Weg trauen. Vielmehr vertrauen sie auf die Selbstheilungskräfte des Körpers – und wenn diese versagen, gehen sie zum Heilpraktiker oder zum Homöopathen.

Der alte Bernhard gehört zu diesen störrischen, aber doch wohl besonders zählebigen Menschen. Zeit seines Lebens hat er sich mit Hausmitteln wie Kamillen- und Salbeitee, mit Ringelblumensalbe auf Schweinefettbasis und dergleichen selbst kuriert. Ab und an hat Helene, seine langjährig Angetraute, ihm mit Pferdebalsam den Rücken eingerieben, wenn seine Knochen mal Protest anmeldeten.

Nun muss Bernhard wegen einer Grippe das Bett hüten. Standhaft weigert er sich, einen Arzt kommen zu lassen. Aber nach einigen Tagen fühlt er sich so schlecht, dass Helene sich große Sorgen macht. Überdies fängt er an, von seinen letzten Tagen zu reden. Das gefällt Helene überhaupt nicht – und als Bernhards alter Freund Helmut zum Krankenbesuch vorbeikommt, greift sie zu einer kleinen List. *He mutt en Dokter hebben, sünst blifft he nich doot!* erklärt sie Helmut in lautem Tonfall bei geöffneter Schlafzimmertür.

Verschreckt schwingt Bernhard seine Beine aus dem Bett und verkündet dem eintretenden Helmut: *Unkruut vergeiht nich!* Helene schmunzelt in der Küche – den Vergleich mit dem Unkraut kennt sie schon. Zur besseren Genesung kocht sie ihm eine ordentliche Hühnersuppe.

Dat is wat ut de latiensche Köök

Mit der *lateinischen Küche* ist hier keinesfalls eine ganz normale Hausküche gemeint, vielmehr haben unsere Vorfahren damit die Apotheke bezeichnet. Das leuchtet ein, denn alle Zutaten, die der Apotheker verwendet, tragen lateinische Namen. In früheren Zeiten gab es in jeder Apotheke ein sogenanntes *Laboratorium*, vergleichbar einer *Köök = Küche*, in dem in großen Kesseln aus selbst angebauten Kräutern und dergleichen Extrakte gewonnen wurden. Aus diesen Extrakten stellte der Apotheker dann seine Medikamente her – Pulver, Salben und Tabletten.

Wenn Großvater Hans nun etwas gegen sein Rheuma benötigte, dann mussten Tochter oder Schwiegersohn ihm ein Mittel *ut de latiensche Köök* besorgen. *Dat is düer* klagte er dann stets, wenn er die Rheumasalbe bezahlen musste. Wegen der aufwändigen Herstellung waren Produkte aus der Apotheke von jeher kostspielig. Deshalb entwickelte sich daraus das Sinnbild für teure oder sogar überteuerte Einkäufe im Allgemeinen. Bis heute sprechen wir von Apothekerpreisen, wenn wir uns über einen teuren Einkauf ärgern. *Du büst woll bi'n Aptheker ween!* ruft Heiners Frau Ilse dann auch gerne mal aus, wenn er für ihren Geschmack zu viel Geld im Supermarkt gelassen hat. Aber sie sieht es ihm nach, als frischgebackener Rentner muss er die richtigen Einkaufstechniken noch lernen.

IN DE LATIENSCHE KÖÖK

7.

Sünnenschien un goden Wind

Glück un Noot, de gaht ehren Gang as Ebb un Floot

Die Gezeiten, also der stete Wechsel von Ebbe und Flut, werden im Norden gerne als Sinnbild für die Geschehnisse des Lebens eingesetzt. Nach einer Phase des Glücks muss also unweigerlich auch eine Notzeit kommen. Umgekehrt wirkt der Spruch tröstlicher: Jede nicht so gute Phase im Leben geht wieder vorbei und wird durch eine bessere abgelöst. Schließlich kommt nach jeder Ebbe selbstverständlich auch wieder eine Flut.

Nach alter Hebammen-Weisheit werden die Kinder geboren, wenn die Flut kommt. So machte sich *Mudder Griepsch*, so der volkstümliche Name im Norden für die Hebamme, rechtzeitig auf den Weg zur werdenden Mutter auf der Hallig. Wenn die Geburt unmittelbar bevorstand, war es doch besser, vor Ort zu sein und im Idealfall das Neugeborene bei Hochwasser zu empfangen.

Überhaupt spielten Wind und Wetter eine große Rolle im Leben der norddeutschen Menschen. Viel mehr als heute war man Stürmen und Hochwasser ausgeliefert – und so manches Glück endete jäh in großer Not, wenn bei einer Sturmflut der Deich brach und die Menschen ihre Existenzgrundlage verloren.

Der kleine Paul wurde damals bei aufkommendem Hochwasser geboren – und niemand wird bestreiten, dass er für die Familie ein großes Glück bedeutet, auch wenn seine Eltern an manchen Tagen ihre liebe Not mit ihm haben.

Eet dien Töller leddig, denn gifft dat morgen godes Wedder

Diesen Motivationsspruch für Kinder kennen wir auch aus dem Hochdeutschen: die lieben Kleinen mögen doch bitte ihren Teller ganz leer essen, dann könne man am nächsten Tag mit gutem Wetter rechnen.

Wer weiß wohl noch, dass der Ursprung dieses Spruches einer plattdeutschen Formulierung entstammt, die allerdings falsch verstanden wurde. Als Opa Hans noch ein ganz kleiner Junge war, ein *Büxenschieter*, wie er schmunzelnd zugibt, galt er in der Familie als ein schlechter Esser. Ihn interessierte alles, was sich draußen auf dem Hof abspielte: die beiden dicken Pferde Liese und Lotte, später dann der erste kleine Trecker mit 12 PS – und natürlich die Hündin Senta, seine liebste Spielgefährtin. Ganz klar, für so nebensächliche Dinge wie Essen und Trinken blieb kaum Zeit. Also hatte seine Mutter ihre liebe Not, ihn zum vernünftigen Essen zu bewegen, geschweige denn, wie damals üblich und streng einzuhalten, den Teller auch noch komplett leer zu essen. *Eet dien Töller leddig, denn gifft dat morgen Godes wedder*! versprach sie ihm jeden Tag. Sie sagte ihm also zu, das es am morgigen Tag etwas Gutes wieder geben würde – und nicht etwa gutes Wetter! Nanu?

Hier haben wir es also mit zwei gleich lautenden plattdeutschen Wörtern verschiedenen Inhaltes zu tun: *godes Wedder – Godes wedder = gutes Wedder – Gutes wieder*. Den Unterschied hören wir beim Sprechen natürlich nicht – und somit hat sich durch dieses Missverständnis die Deutung mit dem morgigen guten Wetter im Hochdeutschen etabliert. Warum auch nicht – der Wunsch nach gutem Wetter ist zeitlos, in allen Sprachen!

Und was ist aus Opa Hans geworden? Nun, über die Jahre ist er zu einem tüchtigen Esser herangereift.

Petrus is verreist un hett vergeten, de Luken dichttomaken

Nach langer Trockenheit kommt endlich der ersehnte Regen – die Landwirte freuen sich, dass Korn und Kohl nun richtig gut wachsen und offenbar auch eine gute Ernte versprechen. Opa Hans macht jeden Morgen seine Runde mit dem Fahrrad und begutachtet die Felder. Auch wenn er den Hof schon vor Jahren an seinen Sohn abgegeben hat und im Übrigen auch sehr zufrieden ist mit dessen Arbeit, so fühlt er sich dennoch ein wenig verantwortlich für die Hofstelle mit allem Drumherum.

Nach zwei Wochen Dauerregen und einem täglichen *natten Fell* wird es Opa Hans zu bunt. Er lugt gen Himmel und stößt griesgrämig seinen Ärger über die stets geöffneten Schleusen aus: *Petrus is verreist un hett vergeten, de Luken dichttomaken*! Leider hilft dieses schöne Bild vom verreisten Petrus der Landwirtschaft in der Gegend auch nicht weiter. Die *Luken* = Holztüren/ Öffnungen sind weiterhin undicht. Herrjeh, da kann man ja beinahe ein *Luerbuer* = *ein vorsichtig abwartender Bauer* werden, befindet Opa Hans.

Als endlich die Sonne wieder die Überhand gewinnt, bessert sich die Laune des alten Bauern erheblich. Und wieder einmal bekräftigt er, wie gut es doch sei, dass die Menschen keinen Einfluss auf das Wetter ausüben können: *Kannst nich an dreihen!*

De Tiet vergeiht as Snee in de Sünn

Früher orientierte man sich noch viel mehr als in unserer heutigen Zeit an den jahreszeitlichen Abläufen, man beobachtete das Wetter und zog daraus seine Schlüsse. Wenn endlich die Sonne höher stieg und das bevorstehende Frühjahr ankündigte, war die Freude über den schmelzenden Schnee groß.

Allerdings wissen wir alle aus eigener Anschauung: wenn Sonne und Schnee zusammentreffen, ist bald nichts mehr von der weißen Pracht übrig. Der Schnee schmilzt dahin – und gerade so verhält es sich auch mit der Zeit. Sie zerrinnt uns unter den Fingern, sie läuft uns davon, ehe wir uns dessen bewusst werden.

Welche Schlüsse ziehen wir nun daraus? Nun, es gibt immer wieder eine Zeit, die allzu langsam verrinnt. Doch was sagen Bernhard und Wilhelm so gerne aus weiser Alterssicht: *de Tiet löppt – un wi loopt mit = die Zeit läuft – und wir laufen mit!* Was den beiden aber gar nicht gefällt, wenn am Ende des Monats nicht mehr viel im Portemonai übrig geblieben ist: *Dat Geld is weglopen – as Botter in de Sünn!* Ja, die beiden alten Herren sollten ihre Butter lieber nicht der Sonne aussetzen!

8.

Deerten un Veehtüüch

Warrst oolt as en Koh, lehrst jümmer noch wat dorto

Wenn das kein Mutmacher-Spruch ist!

Regina hat gerade das Rentenalter erreicht und überlegt ernsthaft, einen alten Traum in die Tat umzusetzen: noch einmal etwas Neues lernen, etwas ganz Anderes machen – vielleicht sogar ein Studium beginnen? Das wäre mal was. Tagelang beschäftigt sie sich mit Einschreibe-Modalitäten, Kontaktstudiengängen und Semestergebühren. Ihrem Mann Reinhard sind diese neuen Aktivitäten seiner Frau ein wenig unheimlich. Er versucht ihr zu vermitteln, dass er für seinen Teil mit ihrem Wissen sehr zufrieden ist. Auch mit sich ist er im Reinen: er genießt seine freie Zeit, studiert morgens ausführlich die Zeitung und bildet sich abends gelegentlich per Fernbedienung fort.

Unbeirrt setzt Regina ihren Plan in die Tat um – und kommt nach ihrer ersten Vorlesung begeistert nach Hause. Reinhard unterbricht ihren Vortrag zur Literatur des 20. Jahrhunderts mit der trockenen Bemerkung: *Warrst oolt as en Koh, lehrst jümmer noch wat dorto*. Sie verbittet sich den Vergleich mit einer Kuh – und beinahe hätte es einen richtigen Krach gegeben. Reinhard beteuert, dass er das gar nicht negativ gemeint hätte. Er ist stolz auf seine tüchtige Frau und hat eingesehen: man kann auch im fortgeschrittenen Alter noch etwas dazu lernen. Im Übrigen: die Kuh möchte er mal sehen, die so alt wie seine Regina geworden ist!

Dor kann keen Swien ut klook warrn

Wer kennt sie nicht aus dem Hochdeutschen, diese Aussprüche wie: *Das kann kein Schwein lesen* oder auch *Daraus kann kein Schwein klug werden*. Das diese Redensarten aus dem Plattdeutschen kommen und mit unserem Fleisch- und Wurstlieferanten gar nichts zu tun haben, ist sicher weniger geläufig. Vielmehr wird sich so mancher schon gewundert haben – Schweine können bekanntermaßen sowieso nicht lesen.

Zur Erklärung gehen wir zurück in das 16. Jahrhundert. Damals lebte in Dithmarschen ein Gelehrter names *Marcus Swyn*, auch *Swien = Schwein* geschrieben. Nicht nur er, auch seine ganze Familie galt als klug und sprachenkundig. Die Menschen aus der Umgebung kamen zu ihnen, um sich Briefe vorlesen und auch schreiben zu lassen. Waren die Schriften nun so schwer zu entziffern oder so krakelig geschrieben, dass diese nicht einmal von Familie Swyn gelesen werden konnten, so hieß es: *Dat kann keen Swien lesen!*

Ob der Ausdruck swienplietsch auch etwas mit bewusster Familie zu tun hat, ist nicht mit Sicherheit zu sagen. Es könnte aber durchaus möglich sein, denn die Übertragung von *plietsch = klug* könnte darauf hindeuten. Wie klug Schweine wirklich sind, ist schwer zu sagen – in früheren Zeiten galten sie eher als träge, verfressen und dumm.

Korrigieren wir also unbedingt unser Bild vom lesenden Schwein!

Klook as en Imm, blots Honnig schieten kannst du nich

Wir haben es schon erfahren: Regina ist eine überaus kluge Frau. Ihr Mann Reinhard hat sich inzwischen daran gewöhnt, dass sie eine umfassende Allgemeinbildung vorweisen kann – und sich nun durch ihr Seniorenstudium eine Menge Spezialwissen aneignet. Er seinerseits legt viel Wert darauf, dass er die Oberhand über sämtliche elektrischen Geräte im Haushalt, über Heizung und Garage, Auto und Fahrräder – und selbstverständlich auch über Gartengestaltung und Unkrautvernichtung hat. Wahrlich ein weites Betätigungsfeld – Regina findet, dass ihr Mann seine Sache auch sehr gut macht und ihr den Rücken für ihre eher schreibtischorientierte Arbeit freihält.

Allerdings gibt es ab und an Situationen, da scheint ein kleiner Streit in der Luft zu liegen. Unlängst macht sich Regina an dem Gemüse-Hochbeet zu schaffen – und als Reinhard herbeigestürzt kommt, erläutert sie ihm den bedenklichen Zustand der Radieschen und des Kopfsalates. Das passt Reinhard ganz und gar nicht. *Klook as en Imm, blots Honnig schieten kannst du nich!* brummt er vor sich hin. Ja, klug wie eine Biene mag seine Regina ja sein, aber für die Honigproduktion taugt sie nicht. Mit anderen Worten: sie möge sich doch von dem, wovon sie wirklich nichts versteht, bitte fernhalten.

Biene Regina macht den Abflug – soll er doch sehen, wie er seine Radieschen wieder flott bekommt!

Markst Müüs?

Mäuse kamen früher überall vor: auf dem Feld, im Stall, in der Speisekammer oder auch in den Wohnräumen. Sie machten sich unbeliebt und wurden daher stets von eigens zur Mäusevernichtung gehaltenen Hauskatzen gejagt oder auch mit Mäusefallen gefangen, ob tot oder lebendig. Meistens waren sie gut zu hören und verrieten sich durch Strohgeraschel oder Getrippel auf dem Boden. Daher erklärt sich auch die Frage *Markst Müüs?* im allgemeinen Sinne von *Merkst du etwas?*

Gesine hat ihren Freund Hannes in Verdacht, etwas oder besser eine nebenher laufen zu haben. Beweisen kann sie es ihm nicht, aber sie hat da so ihre Indizien. Allerdings möchte sie gar nicht so gerne glauben, dass er sie betrügt. Ihr Vater Bernhard und ihre Mutter Helene treffen eines Sonntags den vermeintlich schon sicheren Schwiegersohn im Waldcafé mit einer ihnen fremden Person. *Markst Müüs?* flüstert Helene ihrem Mann zu. Beide sind ein wenig traurig, beschließen aber, Gesine nichts von ihrer Begegnung zu erzählen. Das soll der nun Abgeschriebene bitteschön selber erledigen. *Dat is sien Beer*, befindet Bernhard dann auch lakonisch.

9.
Mit düsse Snacks kümmst du dör 't Leven

Dat Glück, wat man söcht, is nich jümmers dat Glück, wat man finnt

Glück im Leben haben, wer möchte das nicht! Petra hat lange überlegt, welche berufliche Laufbahn sie einschlagen möchte, hat nach dem Studium der Volkswirtschaft mehrere Jahre im Ausland verbracht, dann beruflich in einer großen norddeutschen Stadt Fuß gefasst. Es geht ihr gut – und nach mehreren privaten Enttäuschungen hat sie beschlossen, ihr Glück im Aufbau einer Bankenkarriere zu suchen. Erfolgreiche Jahre, auch in finanzieller Hinsicht, liegen hinter ihr. Inzwischen gehört ihr eine schöne Eigentumswohnung, sie hat einen großen Freundeskreis und genießt ihre Unabhängigkeit. Zwei bis drei Urlaubsreisen gönnt sie sich in jedem Jahr, kurzum: sie hat offenbar ihr Glück gefunden.

Eines Tages läuft ihr Jan über den Weg, der Schulfreund aus Kindertagen. Sie treffen sich zufällig mitten in der Stadt – und verabreden sich danach immer häufiger. Bahnt sich dort ein ganz anderes Glück an? Es sieht danach aus! In Kürze wollen die beiden Mittdreißiger heiraten, der Termin für die Trauung auf dem Leuchtturm steht schon fest.

Der Freundeskreis reagiert überwiegend mit großem Erstaunen. Nur Petras Vater Erwin will es schon immer gewusst haben und hat dann auch den passenden Snack auf Lager: *Mien Deern, dat **Glück**, **wat** man söcht, is nich jümmers dat Glück, wat man finnt!*

De Minsch warrt jümmer to fröh oolt un to laat klook

Dieser "Gegenspruch" zu dem schönen Satz *Warrst oolt an en Koh, lehrst jümmer noch wat dorto* zeigt es ganz deutlich: auch in den Snacks des Nordens bildet sich eine gewisse Beliebigkeit ab. Der Mensch dreht sich alles so, wie es der Situation gemäß gerade passt.

Wäre es ihm besser ergangen im Leben, wenn er doch ab und an mal zum Arzt gegangen wäre? Darüber macht sich Bernhard gelegentlich so seine Gedanken. Gerade hat er sich von einer schweren Grippe erholt, da hat er plötzlich das Gefühl, dass ihm seine Beine nicht mehr gehorchen. Und die Augen wollen auch nicht mehr so wie früher, das Zeitunglesen bereitet ihm große Mühe. Zwar dauert es nun gar nicht lange bis zu seinem 80. Geburtstag – sollte er etwa nun richtig alt werden? Er mag es nicht akzeptieren. Von Altersweisheit wollte er bisher auch nichts wissen – gern hat er sich so manchen kleinen Schabernack im Freundeskreis einfallen lassen.

Seine Ehefrau Helene tröstet ihn. Für sie ist er immer noch der allerbeste und liebste Ehemann, auch wenn er nun ein bisschen älter geworden ist. Gegen ein gewisses Maß an Klugheit hätte sie allerdings nichts einzuwenden – *as unklook* läuft er jeden Morgen zum Briefkasten, ohne Jacke und nur in Hausschuhen! *Der Mensch wird immer zu früh alt und zu spät klug …*

En beten Grütt ünner de Mütz is veel nütz, man en groot Hart ünner de West is best

Grütze unter der Mütze? Dieses Bild möchte man sich lieber nicht vorstellen. Gemeint ist natürlich das, was ein Mensch in seinem *Bregen* = Gehirn aufzuweisen hat. Es nützt ihm also durchaus im Leben, eine gewisse Portion Klugheit mitzubringen, sei es, um sich seinen Lebensunterhalt zu verdienen oder auch um mit seinen Mitmenschen zurecht zu kommen. Gegenübergestellt wird aber ein großes Herz mit allem, was sich darin befinden könnte: Großzügigkeit, Offenheit und Wärme seinen Mitmenschen gegenüber. Dieses große Herz, das sich unter der Weste verstecken mag, aber durchaus nach außen sichtbar wird, gewinnt also im Wettstreit mit dem klugen Kopf. Das nehmen wir nun so hin in diesem Ausspruch, wünschen uns aber dennoch eine gelungene Mischung aus beidem – frei nach dem Motto: *Ahn Grütt nützt dat gröttste Hart gornix = ohne Grips nützt das größte Herz gar nichts!*
Da Frauen früher Hauben und Mieder trugen, ist der Spruch offenbar nur auf den Mann gemünzt – aber das wäre ein anderes Thema.

Seggst du wat oder geiht di dat Muul man so?

Der Norddeutsche steht in dem Ruf, nicht viel Worte zu machen, nur bei Bedarf in ganzen Sätzen zu sprechen und sogar stundenlang still schweigen zu können. Das stimmt natürlich nicht! Wie überall – egal in welchem Teil unserer Republik – gibt es *Sabbelbüdel* und *Snacktaschen*, aber auch *Muffelkoppen* und *Muulfulen*.
Eberhard und Manuela hören fasziniert zu, wie sich eine Gruppe junger Leute auf dem Sportplatz lauthals unterhält. Unser Urlauber-Ehepaar aus Baden-Württemberg hat sich inzwischen schon ganz gut in das norddeutsche Idiom eingehört. Auch wenn die beiden nicht alles verstehen, haben sie doch ihre Freude an plattdeutscher Sprachmelodie und der farbigen Ausdrucksweise.
Einer der Jugendlichen tut sich ganz besonders hervor. Er erzählt eine witzige Anekdote nach der anderen, im Plattdeutschen auch *Döntje* genannt. Irgendwann reicht es seinen Kumpels. Dieses *Gesabbel* wollen sie nun absolut nicht mehr hören. Sie machen ihn einfach mundtot mit folgendem lakonischen Spruch: *Seggst du wat oder geiht di dat Muul man so?* Das haben unsere Urlauber nun wirklich nicht verstanden, sie bitten um Aufklärung und erfahren die freie Übersetzung: *Sagst du eigentlich etwas Vernünftiges oder bewegst du deinen Mund (dein Maul) einfach nur so auf und zu?*
Den Ausspruch wollen sie sich merken – mag sein, er lässt sich auch auf Schwäbisch übersetzen? Das wäre doch ein netter Spaß für die nächste Weinrunde zuhause!

Kümmt Tiet, kümmt Raat, kümmt Sommer, kümmt Saat

Dieser Spruch zeugt von der optimistischen Grundeinstellung des norddeutschen Menschen, frei nach dem Motto: es wird sich schon alles zurechtlaufen. Wir lassen mal alles auf uns zukommen, mit der Zeit wird es schon eine Lösung für das jeweilige Problem geben – eben mit genau der Sicherheit, mit der im Sommer die Saat aufgeht. In die gleiche Richtung geht die Aussage einer werdenden Mutter in alten Zeiten: *Gifft Gott Jungs, gifft Gott ok Büxen!* Mit anderen Worten gesagt: wenn Kinder auf die Welt kommen, wird der liebe Gott auch dafür sorgen, dass sie etwas zum Anziehen haben – und grundsätzlich wird sich hier keine Gedanken um die Versorgung gemacht.

Diese eher passive Einstellung zum Leben an sich können wir heute kaum noch teilen. Heiner und Ilse, die beiden frischgebackenen Rentenempfänger, haben sich zeitlebens nicht auf derlei Sprüche verlassen und lieber rechtzeitig vorgesorgt. So können sie heute ganz beruhigt von dem leben, was sie sich erwirtschaftet und erarbeitet haben. Die eine oder andere Reise ist im Budget auch enthalten. Es geht ihnen also gut – und natürlich möchten sie, dass es ihre Kinder später auch einmal so treffen. Heiners Aussage *En goden Raat kümmt nie to laat*, verknüpft mit der Bitte an seine erwachsenen Kinder, für ihre Rente vorzusorgen, stößt nicht unbedingt auf offene Ohren. Ilse muss ihn gelegentlich bremsen und ihn erinnern, dass er von den eigenen Eltern auch keinen guten Rat hören wollte …

Doon is en Ding, snacken köönt wi all

Hochaktuell kommt dieser *Snack* daher. Über eine wichtige Sache sprechen – das können wir alle besonders gut: über die Unterbringung von Flüchtlingen, über die ansteigende Altersarmut, über Obdachlose, denen geholfen werden muss … die Reihe lässt sich beliebig fortsetzen.

Hermann ist da ganz anders, er möchte etwas tun. In seiner Imbissbude steht schon seit langem ein richtig dicker Fisch aus Porzellan. Auch wenn diese überdimensionale Spardose sehr hässlich aussieht, so erfüllt sie doch ihren Sinn. Schon mehrmals konnte er den üppigen Inhalt ausleeren und für einen guten Zweck zur Verfügung stellen. Hermanns Gäste sind allesamt solidarische Menschen, sie lassen sich nicht lumpen. Ihnen gefällt vor allen Dingen, dass Hermann sich so aktiv für die Gesellschaft einsetzt.

Wat doon = etwas tun! – mit dieser Devise spricht er seine Gäste an. Auch wenn die Hilfsbereitschaft sich hauptsächlich in klingender Münze und nicht so sehr in aktiver Arbeit niederschlägt – jedes noch so kleine Geldstück ist ein wichtiger Beitrag. *Lütt Höhner maakt ok Mist*! setzt Hermann dann noch hinzu und eilt wieder in die Küche, um den frischen Stint zu braten.

Leve Frünnen vun de plattdüütsche Spraak,

nun sind wir am Ende unserer kleinen illustrierten Reise durch die schöne alte Sprache des Nordens angekommen. Wir haben Sinn und Bedeutung der plattdeutschen *Snacks* anhand kleiner Geschichten kennengelernt. Wo leben sie denn nun alle, Bernhard und Helene, Opa Hans, Hermann und seine Tochter Anja, Alfred und Benno, Regina und Reinhard, Jan und Hannes, Petra und ihr Vater Erwin, Peter und Monika Hansen, Heiner und Ilse – und wie sie alle heißen? Nun, irgendwo im Norden, an der Küste oder im Binnenland – und sie stehen stellvertretend für alle Menschen im Norden, die das Plattdeutsche lieben und beherrschen. Mag sein, sie heißen anders – und natürlich sind eventuelle Ähnlichkeiten mit lebenden Personen rein zufällig und nicht beabsichtigt.
Auch bei Ihnen mag Interesse und Freude an dieser Sprache aufgekommen sein, die sich im Übrigen nicht nur in Buchdeckeln verbirgt, sondern durchaus modern und kreativ auch von jungen Menschen gebraucht wird: in der Musik, in der Poetry-Slam-Szene, aber auch in sozialen Netzwerken. Seit einigen Jahren betreibt der Wachholtz Verlag eine Facebook-Seite für Freunde der plattdeutschen Sprache und postet dort ständig Sprüche und Lebensweisheiten, von denen ein Teil auch in dieser kleinen Sammlung enthalten ist.
So machen Sie sich gerne auf den Weg, um noch mehr Platt im Norden zu entdecken – sicher werden Sie fündig. Essen Sie sich durch die wunderbaren Gerichte – und wenn es dann ein kleiner *Kööm* sein muss, *denn man to*! Aber denken Sie daran: *nich versupen* – lieber genießen!

Beste Gröten
Marianne Ehlers

Quellenverzeichnis:

Goltz, Reinhard: Moin Moin. Plattdeutsche Wort-Geschichten.
Hamburg: Quickborn 2006. 97 S.

Goltz, Reinhard: Moin Moin. Weitere plattdeutsche Wortgeschichten.
Hamburg: Quickborn 2007. 99 S.

Harte, Günter: Lebendiges Platt.
Hamburg: Quickborn 1977. 185 S.

Holm, Hans Henning: Da bist du platt!
Lübeck: LN-Verl. 1972. 90 S.

Looft-Gaude, Ulrike: Ik heff di op 'm Kieker. Plattdeutsche Redensarten und ihre historischen Hintergründe.
Heide: Boyens 2002. 132 S.

Mensing, Otto: Schleswig-Holsteinisches Wörterbuch. Bd 1-5.
Neumünster: Wachholtz 1927-1935.

Der neue SASS. Plattdeutsches Wörterbuch. Neu bearb. v. Heinrich Thies. Hrsg. v. d. Fehrs-Gilde.
Neumünster: Wachholtz 7. Aufl. 2013. 459 S.

Niederdeutsch heute. Kenntnisse – Erfahrungen – Meinungen.
Hrsg. v. Institut für niederdeutsche Sprache.
Leer: Schuster 1976. 267 S.

Nissen, Peter: schellen, schafutern un schanderen. Schimpfwörterbuch für Schleswig-Holstein.
Leer: Schuster 1996. 227 S.

Nordmann-Stabenow, Gertrud: Plattdeutsch & Plattdänisch im Grenzland Schleswig.
Husum. Druck- und Verlagsgesellschaft 1980. 95 S.

Rottgardt, Hans-Heinrich: Läver 'n Dickkopp as 'n Dööskopp.
Neumünster: Wachholtz 2. Aufl. 1976. 104 S.

Specht, Fritz: Plattdeutsch wie es nicht im Wörterbuch steht.
Frankfurt a.M.: Scheffler 2.Aufl. 1969.190 S.

Sprichwörter und Redensarten aus Schleswig-Holstein. Hrsg. v. Paul Selk.
Husum: Husum Druck- und Verlagsgesellschaft 1980. 111 S.

Marianne Ehlers
Jahrgang 1953, ist als Referentin für Niederdeutsch beim Schleswig-Holsteinischen Heimatbund tätig, darüber hinaus ist sie Vorsitzende der Fehrs-Gilde e.V. und Autorin plattdeutscher Lyrik und Prosa. Plattdeutsch aufgewachsen in Schleswig-Holstein, hat sie einen engen Bezug zur Sprache und zur Kultur des Nordens.

Gernot Gunga
Jahrgang 1971, studierte in Hamburg und Oslo Illustrationsdesign. Er veröffentlicht seine Cartoons nun seit 1998 in diversen Zeitungen und Magazinen wie z. B. der Hamburger Morgenpost oder dem Schleswig Holsteinischen Zeitungsverlag. Außerdem entwickelt er exklusive Designs für Geschenkartikel, Porzellan und Bettwäsche.